AF227774

LA RÉPUBLIQUE

ET LA VIGNE

TOUS POUR UN ET UN POUR TOUS
LA FRANCE
RÉPUBLICAINE

COMMUNE RÉPUBLICAINE
UNION
ET
BIEN-ÊTRE PUBLIC
MORAL & MATÉRIEL
Place de Lyon
46
A LYON

LA RÉPUBLIQUE

ET

LA VIGNE

PAR

UN BOURGUIGNON

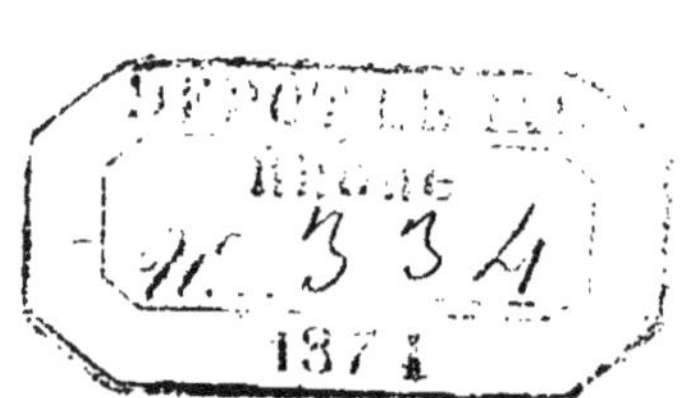

> « Mais si vous ne savez pas conserver les conquêtes faites par vos pères aux dépens du despotisme, de l'erreur et de la féodalité, arrachez, brûlez vos vignes et jetez-en les cendres au vent, car elles ne vous serviront pas plus que si votre sol n'était couvert que de pierres, de sable et de gravier.
>
> « Nous allons tâcher d'expliquer pourquoi. » *(Page 20)*

PRIX : à Lyon, 1 fr. — Au dehors, 1 fr. 25

LYON

LIBRAIRIE RÉPUBLICAINE

DE

L'UNION DU BIEN-ÊTRE PUBLIC, MORAL ET MATÉRIEL

DIRIGÉE PAR B. MONTEAUFEU

40, Place de Lyon, 40

1871

LA RÉPUBLIQUE

ET LA VIGNE

Les dons de la nature sont variés à l'infini. Il semble que plus l'homme s'acharne à se rendre malheureux lui-même, plus le ciel lui prodigue tout ce qui peut sécher ses larmes, cicatriser ses plaies et combler les abîmes que ses propres mains ne cessent d'élargir et de creuser. Chaque région a son rôle spécial dans ce magnifique ensemble de productions. Cette spécialité est marquée pour chacune d'elles par la composition de son sol, par son altitude, par la distance qui la sépare des mers, par l'angle que décrivent à sa surface les rayons de l'astre de vie quand, de son méridien, il lui verse le mouvement et la force.

Il en est une privilégiée entre toutes ; non qu'elle ouvre son sein pour donner toutes les productions, mais parce que nulle autre ne varie et ne multiplie comme elle les produits les plus savoureux et les plus utiles. Elle possède, autant que toute autre, champs, forêts et prairies ; mais elle est, plus que toute autre, la terre des potagers, des vergers et des vignes. Cette région, c'est la France, mère aujourd'hui si malheureuse, et qui n'en mérite que plus d'être aimée. Mais de toutes les richesses qu'elle prodigue au monde, la première, c'est le fruit de ses vignes, et c'est de celle-là que nous avons à nous occuper ici.

On sait que nulle contrée n'est plus chère au raisin, mais on ne se rend pas bien compte de la destinée que lui promet la préférence dont l'honore la plante qui porte avec elle la santé et l'opulence. Beaucoup de français ne pourront se défendre d'un profond étonnement s'ils entendent dire : Il n'y aura jamais qu'un grand vignoble sur la terre, ce sera la France ; et la vigne fera d'elle la plus riche et la plus heureuse des nations du globe.

Ce n'est peut-être là, direz-vous, qu'un beau rêve où l'on voudrait nous jeter, pour nous distraire un instant des tristes préoccupations qui nous affligent. Ces mirages ne sont-ils pas trompeurs ? Ces illusions ne sont-elles pas mensongères ?

Ne craignons pas de rêver. Le rêve est doux quand les réalités sont si navrantes. Du reste, il n'en coûte guère de considérer ce que fait aujourd'hui et ce que fera la vigne en France, et ce qu'elle peut faire dans les autres contrées du globe. On verra alors si, dans les deux propositions

avancées plus haut, il y a réellement vain rêve ou espoir
bien fondé.

De tout temps, la vigne a été considérée en quelque sorte
comme la plante par excellence. Nulle autre n'a jamais été
plus chantée par les poètes, et plus souvent représentée par
les artistes au moyen des couleurs ou avec le bronze et le
marbre. Le propriétaire de vignes a toujours été regardé
comme un enfant gâté de la fortune, et considéré comme
s'élevant au-dessus de la simple condition d'homme des
champs. Cependant tout n'était pas rose pour lui. Sur deux
et même trois années, il n'avait pas toujours la chance d'en
compter une de bonne : Si le raisin manquait, il y avait
désastre ; si la qualité était mauvaise, il y avait désastre.
La vigne coûte beaucoup plus cher à cultiver que le blé.
Après une année inclémente, comment couvrir tant de frais
et vivre ? D'autres fois le soleil s'était montré brillant, le
raisin avait bu tout l'été le feu des cieux, le vin était parfait ; mais le cep avait été prodigue, et il fallait vendre dix
centimes le litre ce doux nectar, sans échapper pour cela
au malaise et à la gêne. Heureux celui qui pouvait attendre
et garder ! Plus tard, une gelée de printemps; des pluies
froides et persistantes au moment de la floraison, une
vaste grêle le tirait d'embarras. Mais la plupart étaient
obligés de vendre tout de suite, sinon pas le sou pour
vivre l'hiver et cultiver au printemps.

Ces mauvais jours de la vigne ne reviendront plus. Ce
n'est pas que la malveillance du nord-ouest et de l'ouest

cessera de la frapper ; mais sa nouvelle fortune rendra le propriétaire assez robuste pour supporter les plus rudes atteintes. En présence des chemins de fer, en présence des nouveaux traités de commerce, en présence surtout de l'œuvre régénératrice sortie des flancs du dix-huitième siècle, la vigne ne peut plus que croître en honneur et en prospérité. Comparer sa destinée actuelle aux mauvais jours qui sont finis, ce serait comme si l'on comparait le jardin des Hesperides avec les plages désolées du Sahara.

Nous allons examiner successivement les diverses causes qui ont fait la vigne ce qu'elle est, et qui la feront ce qu'elle doit être.

Au-dessus de tout, il faut placer la promulgation, dans la France de 1789, d'une loi qui a été l'objet des vœux les plus ardents de tous les nobles cœurs, depuis le commencement des siècles. C'est cette loi que rêvait déjà la noble Athènes. Elle n'a pu la réaliser entièrement, mais elle s'en est si bien dédommagée par des équivalents, que l'esclave même, considéré comme un homme et protégé par la loi, était plus heureux à Athènes que l'homme libre à Lacédémone. Et, si Solon a été le plus grand des législateurs, c'est surtout parce qu'il a su être celui du plus juste, du plus généreux et du plus intelligent des peuples de l'antiquité. C'est aussi à cette loi ou à des équivalents que s'efforçaient d'amener leur république les tribuns de Rome, et surtout les deux fils de Cornélie, ces deux Gracques qui ont été les plus grands des Romains. Deux fois ils allaient régénérer l'Italie et l'humanité si, chaque fois, les Patriciens de Rome n'avaient pas fait assassiner l'un des deux frères. Bien des hommes généreux ont essayé depuis de lancer l'humanité dans la même voie, et ils auraient triomphé si le moyen âge n'avait pas dressé tant de bûchers et de potences. Enfin, dans le XVIIIe siècle, les cœurs qu'échauffaient ces mêmes désirs purent se grouper, former un corps d'intelligents penseurs. Le trône, la bannière et l'autel se sentirent intimidés devant tant de hardiesse et de génie, et l'œuvre éclata. Le point capital était l'équitable répartition des biens laissés par un défunt entre chacun des ayants droit. Et cela se fit par un radieux soleil de la 89me année de ce siècle béni. Ce fut une nouvelle aurore pour la France et pour la vigne aussi.

En effet, la conséquence de cette loi a été, avec le temps, la diffusion de la propriété, l'éparpillement de l'aisance. A tous les nouveaux parvenus du bien-être qui, autrefois, ne buvaient que de la piquette, quand c'était fête, et de l'eau toujours, il faut aujourd'hui du vin. Presque toute famille est arrivée déjà à un degré d'aisance tel que le vin y coule à toutes les fêtes, à la moindre réunion de parents ou d'amis, au moindre événement qui fait luire un rayon de bonheur ou d'espoir.

Enfin les chemins de fer se sont construits. Les voyages sont plus faciles, et l'argent que ces déplacements réclament s'est répandu dans un plus grand nombre de mains. Les négociations que nécessite l'accroissement du commerce et de l'industrie, qui se mettent sans cesse au niveau de l'aisance, exigent qu'à tout moment on se déplace. Là où les voyageurs se comptaient autrefois par centaines, il en paraît aujourd'hui des mille. Ils arrivent et se rendent à l'hôtel, au restaurant, à l'auberge, ou chez des parents, ou chez des amis ; partout on leur présente du vin.

A l'extérieur, la nouvelle loi de justice et d'égalité n'a pu séduire encore assez les peuples pour les entraîner. Aveugles et ingrats, ils en sont encore à se ruer sur les pas d'un despote, pour l'extermination du peuple initiateur dont l'exemple aurait dû leur ouvrir les yeux et les affranchir.

La vigne française, il faut pourtant le dire, n'y perd pas tout. Les rois aussi ont senti le besoin d'accepter le progrès que le temps a réalisé, et, pour accroître leur puissance par le commerce et l'industrie, ils ont accepté les chemins de fer et négocié des traités pour faciliter les échanges.

Alors le temps n'est plus où, sur les tables riches ou aisées du nord de l'Europe, on ne servait que de grands vins, et seulement au dessert, tandis que, pendant le repas, on ne buvait guère que la bière ou le cidre. Aujourd'hui, nul riche batave, scandinave, slave ou germain n'oserait présenter aux amis qu'il accueille, d'autres liquides que le vin. Dès lors les petits vins de France, jusque là si sédentaires, se sont mis en route comme les grands vins. Auparavant, ils ne se buvaient que sur place, parce qu'il y avait une grande disproportion entre les frais de voyage et leur valeur intrinsèque, mais tout ce qui s'est trouvé assez robuste pour supporter les cahots des véhicules et les excès de température entra résolument, en longues rangées de futailles, dans le commerce international. Et toutes les villes importantes du nord ont des marchands de vins. Ces marchands ont pris le train, sont venus dans les vignobles français, ont fait des emplettes de futailles pleines et des réquisitions de tonneliers, et des bruits de maillets sur les douves retentissantes y feraient presque croire qu'on se trouve dans un des plus joyeux cantons de la France vineuse. Il s'en suit que la moyenne du prix des vins a plus que doublé depuis vingt ans, et qu'elle s'élèvera à mesure que les nations feront tomber les funestes barrières qui les séparent. Et que sera-ce si les peuples, séduits par l'exemple du bonheur que l'égalité donne à la France, s'avisent enfin de réaliser la même conquête et de vouloir être, comme le Français, hommes et propriétaires ?

Comment la France répondra-t-elle à ce cri des nations : Du vin ! du vin ! Depuis quelques années, elle a planté bien des vignes, cependant elle n'en a pas trois millions d'hectares. C'eût été beaucoup trop il y a trente ans ; mais ce serait bien loin de suffire si, dans l'Europe enfin régénérée, l'aisance se mettait à gagner les masses, comme cela s'est fait chez nous. C'est alors qu'il faudrait encore d'autres millions d'hectares couverts du doux tapis de pampre. C'est alors que tout propriétaire de champs propres à la vigne, qui s'obstinerait à en exclure l'arbre d'où sortent la bonne santé, la gaieté fraternelle et les chansons, pourrait être accusé d'oublier un devoir sacré de Français, en négligeant le moyen d'enrichir son pays, sa famille et lui-même.

— Mais si la vigne envahit tout, de quoi vivra-t-on ? Le

pain sera une rareté. Boire est très-bien, mais ce n'est pas cela qui nourrit. Il y aura famine.

— Il y en qui posent cette objection avec un sérieux comique. On y a répondu cent fois, et elle revient toujours. Répondons-y encore : Pour un hectare que vous déroberez aux céréales au profit de la vigne, deux hectares qui, maintenant, ne font rien ou à peu près rien, se mettront en culture ou s'amélioreront pour nourrir vignerons, marchands de vins et tonneliers. Sans qu'on s'en aperçoive, par un travail qui s'accomplit dans l'ombre et le mystère, sans qu'on se soit donné le mot pour l'effectuer, le prix de la denrée met en peu de temps de niveau la production et la consommation. C'est quand le blé se vend bien que l'homme des champs laboure, amende, fume et sème. Que de terres encore sur le globe, impropres à la vigne, pourraient donner de beaux blés et restent improductives. Plus donc vous aurez de vignes, plus vous aurez de blé.

— Mais nous ne savons que labourer et couvrir le sol de moissons ; nous n'entendons rien au travail de la vigne.

— Si le vent de colère devait continuer de souffler sur l'Europe, il faudrait vous dire : ne plantez pas. Mais le ciel finira bien par redevenir calme et serein. Apprenez donc d'abord à planter, ce n'est ni long, ni difficile. Plantez ensuite, et, pendant que vos ceps grandiront, apprenez à les traiter comme ils le demandent. Consultez les écrits des viticulteurs en renom ; prenez des leçons auprès des vignerons capables. Ayez des vignes et soyez sûrs que vignerons et tonneliers ne manqueront pas. Elles vous donneront quatre ans pour vous mettre en mesure. Votre terrain ne restera pas pour cela quatre ans improductif. Vous savez quel parti on sait tirer des espaces compris entre deux lignes de jeunes ceps et quels bons légumes on sème et récolte chaque année dans cette terre, profondément remuée pour recevoir la vigne.

Il y a des objections plus sérieuses, tirées de la nature du sol. Elles ne font pas reculer l'homme résolu à accroître l'héritage qu'il doit laisser à ses enfants. Il y a déjà des quantités d'excellentes vignes conquises sur des espaces où l'on ne se serait jamais douté que le cep pourrait croître et donner de bons fruits. Consultez ceux qui les vendangent. Vous leur direz : Je n'ai qu'un sol humide ; les racines plongeraient presque toujours dans l'eau. Le vin que j'y récolterais ne serait pas potable, parce que le mouvement capillaire amènerait l'humidité dans les tiges et dans les grappes. On vous répondra : Brisez les couches imperméables du sous-sol ; défoncez, drainez. Cela coûte, mais quelle riche vigne vous aurez après ! Vous leur direz : Mon sol est argileux, et malgré l'épaisseur de la couche végétale et la bonne exposition qu'il doit à sa pente, les gelées du printemps n'y laisseraient pas une grappe, et les sécheresses en été priveraient racines et tiges de sève et de nourriture. On vous répondra : Il y a de la chaux presque partout. Répandez-en chaque année une couche, mais mince et légère, autrement vous brûleriez tout, et au bout de quelques années, les conditions de ce sol ne seront plus les mêmes. Le mal causé par les gelées aura diminué de moitié ou des trois-quarts, et les sécheresses deviendront impuissantes à vous nuire.

Ainsi les viticulteurs ont réponse à tout. Cet opuscule, qui ne peut pas être un traité de viticulture, ne peut que vous envoyer auprès d'eux. Ils ont à votre service d'excellents conseils sur l'emploi, selon les besoins, de la chaux. des marnes, des cendres, des débris de tanneries, des débris de la vigne elle-même et d'une foule d'autres substances. Ces enchanteurs, vous apprendront à transformer jusqu'à des marais infects en des vignes magnifiques, pourvu toutefois que ces marais n'occupent pas le fond des vallées.

— Mais pourquoi est-ce la Franee, la France presque seule qui est appelée à réaliser ces beaux rêves ? Elle aurait donc bien de la chance. Est-ce que le soleil ne luit pas pour tout le monde ?

— Posons d'abord ces principes, que nul homme connaissant la vigne ne s'avisera de contester :

Tout climat où la température ne se tient pas assez longtemps au-dessus de 25 degrès centigrades est impropre à effectuer la maturité suffisante du raisin.

Tout climat est d'autant plus impropre à la vigne, que la température s'y élève plus longtemps au-dessus de 35 degrès, ou y descend davantage au-dessous de 15 degrès de froid.

Faisons maintenant par la pensée une exploration du globe. Au-delà de 50 degrés de latitude au Nord et surtout au Sud, la vigne peut à peine se cultiver comme plante d'agrément le long d'un mur bien exposé au soleil. Les diverses circonstances de position et d'altitude peuvent aggraver encore cette impossibilité. C'est à une dépression considérable du sol, sur les bords du Rhin, que l'on y est redevable d'un vignoble célèbre, mais peu étendu, composé de ceps d'une espèce qui seule puisse être admise sous un ciel déjà frileux. Il donne un vin [d'un genre particulier, qui n'acquiert qu'avec le temps, la saveur qui fait sa gloire. Si, de là, nous traversons la brumeuse et vaporeuse Allemagne, même dans le Sud, même sous une latitude égale à celle des vignobles illustres de France, c'est à peine s'il y a place dans certaines vallées tributaires du Danube, pour quelques vignobles d'une médiocre étendue. Et cependant, à côté de l'Allemagne, la Suisse, malgré ses Alpes gigantesques, offre à la vigne des coteaux, où la cigale chante au soleil, comme sur les pentes de la Côte-d'Or et des Apennins, et où la grappe se parfume. O Suisse! ô France! Sœurs par les idées et les élans sympathiques, elles pouvaient bien l'être aussi par les vignes. Passons à la Hongrie. Là se trouvent, et le vin justement fameux, mais liquoreux de Tokai, délices du dessert, et des vignobles d'une certaine étendue, dont les produits se rapprochent, pour la saveur, de ceux de la France. On peut compter encore sur quelques plages inclinées des provinces Roumaines et de la Crimée. Nous avons parcouru ainsi toutes les contrées de l'Europe centrale, c'est-à-dire les contrées appelées surtout à donner les vins qui se boivent en mangeant. Observons, avant de passer outre, qu'à mesure que de l'Atlantique on s'avance à l'Orient, la chaleur et le froid prennent des proportions de plus en plus défavorables à la vigne, et que nulle part, dans l'Europe centrale, la culture de la vigne n'est possible que dans certaines parties du bassin de la Méditerranée.

Nous arrivons à l'Europe méridionale, aux coteaux célèbres de l'Espagne, de l'Italie, de la Sicile et de la Grèce. Il y a là aussi de vastes vignobles qui méritent la renommée dont ils jouissent; mais ce ne sont plus guère des vins qui par leur légèreté, leur douceur et leur délicatesse, se font admettre sur les tables pendant les repas. En général, les vins de l'Europe méridionale, dont la plupart sont délicieux, renferment trop de sucre et d'alcool, ce qui les rend trop chauds, trop liquoreux, trop capiteux pour l'usage des banquets fraternels où règnent la tempérance et la modération. Après le plus léger excès, ils amènent infailliblement un malaise qui n'est presque pas à redouter de la part des vins que donnent les climats plus tempérés.

Lecteur, cette revue des vignobles vous paraît peut-être un peu fastidieuse ; mais elle est nécessaire pour bien établir une question d'un intérêt aussi capital. Nous l'abrégerons autant que possible. Ainsi l'Asie ne nous tiendra pas long-temps. Cette vaste partie du monde, ne peut presque pas avoir de vignes. L'examen de la configuration de sa surface suffira pour nous en convaincre. Au centre est un plateau immense, très-élevé au-dessus du niveau des mers, et qui a pour piliers au nord, le grand et le petit Altaï, au sud, la gigantesque chaîne de l'Himalaya, les plus hautes montagnes du globe. De ce plateau découlent tous les fleuves tributaires des mers qui entourent presque entièrement l'Asie. Ce plateau interminable est le séjour des sables, que soulève pendant l'été une bise âcre et violente, et que recouvrent pendant près de neuf mois les neiges et les glaces. A la suite du plateau, commencent brusquement et sans transition des pentes où roulent les grands fleuves tributaires des mers qui baignent l'Arabie, la Perse, les Indes, la Chine et la Sibérie. A l'Ouest, au sud et à l'est, le soleil échauffe toutes ces pentes, la plupart d'une fertilité prodigieuse, de manière à y produire toutes les splendeurs de la végétation tropicale; mais la vigne n'y vivrait pas une saison. A l'Est sur les pentes qui aboutissent au Grand-Océan, commencent les variations de température qui tuent la vigne. Déjà Pékin alternativement brûle et grelotte. On conçoit que nous ne devons pas parler de la Sibérie. Chiraz et les environs, dans la Perse, quelques plages de Syrie et d'Anatolie, si le Coran ne s'y opposait pas trop, voilà tout ce qui, dans la vaste Asie, se trouve à même de fournir un certain nombre de tonneaux, et encore, ces vins auront, en général, tous les défauts de ceux de l'Europe méridionale, sans en avoir les admirables qualités. Exceptons-en pourtant le Chiraz, liquoreux, mais pour le reste, parfait.

A l'Afrique, maintenant. Ici également, l'inspection ne sera pas longue. On a cru pouvoir compter sur certaines pentes des Djebels que projette l'Atlas Algérien, et l'on a essayé d'y planter quelques vignes, Réussiront-elles ? C'est ce que l'avenir décidera. A des rapports qui faisaient espérer d'assez beaux résultats, ont déjà succédé des renseignements moins favorables. On n'a pas pu commander au soleil de rétrécir

son disque et d'adoucir la formidable puissance de ses rayons.
Il ne faut pas compter davantage sur les États du Maroc, de
Tunis, de Tripoli et de Barca, dont les conditions de température, sont analogues à celles de l'Algérie. Il faut compter
encore moins sur l'Égypte. De l'Afrique méditerranéenne,
élançons-nous vers le Sud, dans la direction du Cap de
Bonne-Espérance. Nous y trouverons partout des terres
chauffées à blanc par le soleil de l'Équateur et des Tropi-
ques. Vouloir y planter seulement un cep, serait vouloir renouveler la spéculation d'un bon commerçant anglais. Il
s'avisa un jour, d'envoyer une cargaison de ces lames d'acier
qni permettent de voltiger sur la glace. Il comptait en trouver le débit.... parmi les patineurs du Sénégal. La spéculation de la vigne y réussirait comme le commerce des patins.
Arrivons enfin au Cap ; notre œil au moins va se reposer sur
des plages que tapissent les pampres. Il n'y en a pas de vastes étendues ; mais ce qu'on y récolte jouit d'une célébrité
universelle et méritée. Seulement, ces grands et petits Cons-
tance, ne sont guère destinés qu'au dessert. Ce n'est donc
toujours pas, comme les vins de France, du vin qui se
mange, selon l'expression de certains gourmets qui s'y
connaissent.

Maintenant franchissons l'Atlantique. Commençons par
l'Amérique méridionale. Là, au sud de Santiago et de
Buénos-Ayres, le climat devrait, en général, être analogue
à celui du Cap ; mais les Andes, qui sillonnent tout le sud
de la Patagonie, y forment un vaste assemblage de monts
presque à pic et de caisses profondes où règnent presque

toujours l'extrême froid sur les uns et l'extrême chaleur dans le fond des autres. Le reste de l'Amérique méridionale porte, comme l'Afrique, tout le poids du soleil de la zône torride. Pas de vignoble possible dans toute l'Amérique du Sud. Voyons l'Amérique du Nord. Là, même sous une latitude à peu près égale à la nôtre, au nord des Etats-Unis et du sud du Canada, la chaleur étoufferait la grappe en été, et le froid ferait éclater le cep en hiver ; et l'un ou l'autre de ces deux inconvénients s'aggrave à mesure qu'on s'avance de cette région vers le midi ou vers le nord. La vigne y subirait 25 degrés et plus au-dessous de zéro en hiver et communément 40 à 45 degrés de chaleur en été. Son tempérament ne lui permet pas de résister à d'aussi rudes épreuves. Les tentatives faites surtout dans les Carolines ne le démontrent que trop bien. Le nord de la Californie, à peu près sous la même latitude que la France, se trouve aussi dans une condition identique, puisqu'elle s'étend à l'est du Grand-Océan, comme la France s'étend à l'est de l'Atlantique. Quelques plages californiennes jouissent donc comme la France d'un ciel assez clément pour leur épargner les excès de chaleur et de froid qui se font si vivement sentir ailleurs. Malheureusement les montagnes Rocheuses rétrécissent cet espace, et la Californie même et les quelques pentes heureuses de certaines contrées des Etats-Unis, des Carolines, par exemple, ne pourront jamais offrir à la vigne une hospitalité assez étendue pour lui permettre de répondre aux demandes du Nouveau-Monde.

Reste l'Australie. Seule son extrémité méridionale est placée sous une latitude qui peut paraître favorable ; mais on sait que, dans l'hémisphère austral, les conditions de froid et de chaud ont encore plus de tendance aux excès que dans le nôtre. Il pourra s'y planter quelques vignes; mais jamais un grand vignoble ne tapissera les plages lointaines de l'Australie.

Cette revue achevée, nous croyons avoir le droit de redire ici : Il n'y aura jamais qu'un grand vignoble sur la terre, et ce sera la France. Que le fait ait lieu de surprendre, c'est vrai, mais c'est un fait dont notre examen rapide suffit pour nous convaincre. Est-ce à dire pour cela que la France n'ait plus qu'à planter des vignes et attendre les acheteurs ? Malheureusement les choses ne vont pas toujours ainsi dans l'histoire des destinées humaines. Ce n'est pas tout de remplir des futailles; il faut qu'il y ait des gens qui demandent ce qu'elles contiennent, et pour l'avoir il faut le payer. Pour le payer, il faut avoir pu, en travaillant dans le calme et sous l'aile de la liberté, gagner la valeur du produit que l'on désire. Ce qu'il faut à la vigne pour qu'elle prospère, ce n'est pas seulement le soleil de feu qui roule dans la voûte du ciel, il lui faut aussi le soleil de la liberté. Français, sachez conserver ce que vous avez su acquérir, une République consacrant l'égalité de tous les citoyens ; restez hommes libres et citoyens et alors votre terre et votre soleil travailleront de concert avec vous pour que vous formiez, au milieu des champs verts, des prairies, des vergers et des pampres, le plus grand et le plus fortuné des peuples. Mais si vous ne savez pas conserver ces conquêtes faites par vos pères aux dépens du despotisme, de l'erreur et de la féodalité, arrachez, brûlez vos vignes et jetez-en les cendres au

vent, car elles ne vous serviront pas plus que si votre sol
n'était couvert que de pierres, de sable et de gravier. Nous
allons tacher d'expliquer pourquoi. Apprends à te connaître,
ô France bien-aimée ! Sache accueillir ce qui te sourit,
sache écarter ce qui te menace, et c'est alors que tu te
relèveras dans ta splendeur et dans ta force.

Il y a un peu plus de 80 ans, la France a été placée sous
le régime civil et social le plus complètement républicain
qui ait jamais été réalisé sur la terre. Tous les habitants du
pays peuvent se trouver appelés à jouir, sous l'égide de la
loi, du titre de propriétaire. La loi a tout fait pour que le
plus grand nombre y soit appelé soit par le fait de l'héritage,
soit par les bénéfices du travail. Elle exclut, en effet, tout
ce qui pourrait concentrer la terre en un petit nombre de
mains. Elle exclut main-morte, droit d'aînesse, majorats,
substitutions, redevances privilégiées, droits avilissants et
ruineux, tels que dîmes, tailles arbitraires, corvées et bien
d'autres. Il s'en suit que, dans ce pays, toute question im-
portante est la question de chacun, et que la chose publique
est bien réellement la chose de tous et de chacun, c'est-à-
dire la République.

Les anciens n'ont jamais vu de Républiques. Athènes seule
en a pu faire une ébauche. D'autres états ont porté ce nom.
Ce n'étaient que des aristocraties où un nombre restreint
d'individus faisaient seuls partie du souverain. Le reste for-
mait la plèbe privée de presque tout droit, livrée à l'oppres-
sion, au mépris et à la misère. D'autres n'étaient pas même
la plèbe, c'étaient des esclaves, du bétail. Les républicains

de 1793 ne s'en doutaient guère quand ils se paraient des noms des prétendus grands hommes de ce qui s'appelait la République romaine. S'ils avaient au moins choisi les noms vraiment glorieux et populaires d'un Stolon, d'un Manlius, d'un Marcellus ou des Gracques, cela se concevrait encore ; mais ils choisissaient dans leur naïve ignorance, ceux des Scipion, des Caton, des Brutus, c'est-à-dire de tous ces aristocrates impitoyables dont la vie s'est consumée à plonger le peuple dans une situation telle qu'il n'y avait plus pour lui qu'à se faire esclave ou à mourir de faim. Peuple français, plutôt un monarque qu'une aristocratie pareille. Les malheurs du peuple de Rome datent du jour où il eut la folie de renverser Tarquin pour se donner à Brutus.

Heureusement ce n'est plus ainsi, ô Français ! que l'on comprend la République en Suisse, aux États-Unis et chez vous. Tous les habitants citoyens et égaux devant la loi, tel est pour vous le principe ; et, de la loi, vous voulez qu'il descende dans les faits. Mais il n'y en a pas moins chez vous, Français, une chose étrange. Cette République que, malgré des efforts surhumains de perfidie et d'habileté, personne, depuis la fameuse nuit du 4 août 1789, n'a jamais pu renverser, ni même ébranler, on a presque toujours eu l'absurde manie de la faire gouverner par des monarques. On place ainsi dans un antagonisme éternel, d'un côté une nation, de l'autre, une dynastie, deux puissances qui ne veulent jamais ni abdiquer, ni même déchoir. C'est une lutte irréconcilliable, qui ne finit jamais que quand l'une de ces deux puissances a écrasé l'autre. C'est la dynastie qui décide dans toutes les questions importantes de paix, de guerre, de traités d'alliance et de commerce, et elle ne le fait jamais que comme son intérêt l'exige. Mais, le plus souvent, l'intérêt de la République est tout opposé. C'est l'intérêt de la République de vivre en paix avec l'Europe pour assurer les fruits de la révolution ; c'est l'intérêt de Napoléon 1er d'étouffer cette révolution et de régner, et, alors il met l'Europe en feu. Si je ne faisais pas constamment la guerre, disait-il, les idéologues me démoliraient. C'est l'intérêt de la France qu'il y ait à côté d'elle une nation sœur par les institutions politiques et civiles ; l'intérêt des Bourbons de 1823 est autre, et la révolution espagnole est étranglée. L'intérêt d'une dynastie veut qu'on refuse la Belgique, qu'on subisse la honte du traité de juillet 1840, qu'on paie une indemnité à Pritchard. Tout cela amoindrit et humilie la France ; mais le roi le veut, il faut qu'elle s'incline. C'est l'intérêt d'une dynastie qu'on assassine la République romaine, qu'on fasse des guerres qui n'aboutissent à rien, que, de la Chine au Mexique, on arrose inutilement la terre du sang de nos soldats. Mais la nation ne le voudrait pas ; il faut qu'elle se taise. C'est l'intérêt de la dynastie d'etre seule armée jusqu'aux dents et que la nation n'ait pas un fusil pour répondre aux ennemis qui la menacent, et il faut que la nation, qui court le risque d'être saignée sans pouvoir se défendre, se résigne et trouve cela très-bien.

La nation ne se résigne jamais. Quand elle souffre et qu'elle se sent glisser sur la pente de l'abîme, d'abord, elle murmure tout bas ; des grondements sourds annoncent des catastrophes à qui sait les comprendre; des points noirs tachent l'horizon. La dynastie s'inquiète, s'irrite, s'entoure d'agents dévoués en apparence et de soldats, achète et corrompt les consciences. Il faut de l'argent, beaucoup d'argent. Mécontente de ce qui se fait, il faut encore que la nation paye pour qu'on le fasse. Peuple, donne-le cet argent dont tu as tant besoin pour alimenter des entreprises nécessaires à la prospérité générale. Il s'agit bien d'activer ton industrie, d'améliorer tes champs et de planter des vignes. Donne cet argent et les bras de tes fils pour sauver ton monarque qui tombe.

Vains efforts. Le jour fatal arrive, tout s'écroule, tout s'effondre. C'est la révolution ; c'est la guerre civile ; c'est l'amoncellement des ruines ; c'est l'industrie qui agonise ; c'est le commerce qui râle ; c'est la terre qui se stérilise ; c'est le vignoble qui s'amoindrit. Il faudrait être fou alors pour remuer le sol autour des ceps et préparer des vendanges. La misère est partout. Qui achèterait les produits de la vigne ? « *Adieu, paniers ; vendanges sont faites.* »

Mais aussi, quand on veut faire un monarque, il faudrait au moins ne pas laisser à côté de lui l'instrument de sa chûte. Il faudrait commencer par la chose la plus simple, la plus rationnelle, qui doit sauter aux yeux tout d'abord. Il faudrait renverser la République, c'est-à-dire déchirer les feuillets du Code civil qui appellent tout Français, quel qu'il soit, au titre de citoyen et, souvent, de propriétaire. Il faudrait dire au campagnard : Ce champ, ce verger, cette vigne que tu soignes de l'aube au soir ne t'appartiennent pas. Une législation criminelle a mis ces biens dans les mains en un jour de colère, aprés les avoir arrachés au légitime possesseur. La sagesse de nos pères les lui avait remis comme un moyen de travailler au service du roi et comme récompense de sa bravoure et de son dévouement. Sors d'ici, villageois ! qui touche à ces biens, qu'il soit anathème !

C'est alors que vous verriez si ce paysan, que vous faites voter si facilement pour des monarques, est, en réalité monarchiste ou républicain. Le cri de fureur qui s'élèverait des Pyrénées à la Manche, des Alpes à l'Atlantique serait un avertissement terrible, et vous ne vous permettriez pas de recommencer.

Supposons cependant qu'il vous soit possible d'arracher la France au peuple qui la possède. Vous aurez alors réalisé un programme que vous murmurez tout bas, et entre amis, mais que M. Veuillot a eu la franchise de publier tout haut. Il y a une vingtaine d'années, si j'ai bonne souvenance, il formulait, dans son journal l'*Univers*, un projet de loi qui devait rendre à l'aristocratie et à la royauté, et surtout au catholicisme, toute la force et tout l'éclat perdus dans le grand naufrage de 1789, et fermer pour jamais l'abîme des révolutions. Ce projet de loi peut se résumer ainsi :

La propriété, telle qu'elle existe aujourd'hui en France, est abolie.

Elle va être reconstituée sur les bases suivantes :

La France sera divisée en quarante mille fiefs dont chacun

sera remis, pour être possédé, sous le bon plaisir du Chef de l'État, à l'un des hommes qui auront donné le plus de gages à la religion et à la monarchie.

Chaque fief sera cultivé par ses habitants, sous la direction du seigneur de ce fief, qui exercera sur eux une autorité controlée par le pouvoir central seul.

M. Veuillot avait mille fois raison. Voilà en apparence une royauté solidement établie. Quarante mille défenseurs, si elle est menacée, voleront à son secours avec quarante mille bans et arrière-bans. Tandis que les timides adhérents de nos monarchies actuelles les placent au milieu d'une nation dont les intérêts sont tout opposés à ceux du monarque. Nous n'avons que de pauvres rois noyés dans la masse de leurs ennemis qui possèdent tout : la richesse et la force, et ne donnent à ce roi que ce qu'ils veulent bien lui donner.

Mais, répétons-le, supposons réalisé ce programme que M. Veuillot préconise tout haut, tandis que tant d'autres se contentent de murmurer tout bas ces mots qui n'ont l'air de rien et qui sont gros de tempêtes et de ruines : *Droit de tester*. La royauté féodale est reconstituée. Il n'y a plus de nation plus de citoyens, plus de peuple. Il n'y a plus que des manants et des serfs. Mais alors ceux-mêmes à qui l'on destine les bénéfices de cette restauration sociale frémiraient, car ils ne sont, en général, pas méchants ; oui, ils frémiraient si leur imagination dressait tout-à-coup devant eux les spectacles de désolation qui ont déjà tant affligé nos pères : les routes couvertes de mendiants, les prisons encombrées de malheureux qu'attend le supplice, les places publiques hérissées d'instruments de torture, de fouets, de bûchers, de gibets et de potences; dans les campagnes, bien souvent, colère, désespoir, rage, portes de châteaux enfoncées; tout mis à sac, à feu et sang. Qu'avez vous fait, châtelains! Ces brutes qui vous tuent sont votre ouvrage; vous avez étouffé en eux tous les sentiments qui font l'homme. Votre châtiment est terrible; mais vous avez tout fait pour le rendre inévitable. Si une révolution démocratique éclatait au milieu de ces tempêtes, vous la maudiriez, et pourtant elle vous sauverait. Fils des Croisés, êtes-vous bien sûrs que vous existeriez encore si la monarchie était sortie absolue et forte des tempêtes de 1789? Après quelques empereurs, il ne restait pas un seul des descendants de l'aristocratie romaine. Les Césars avaient tout livré aux glaives des prétoriens. Les mânes des Manlius, des Spurius, des Dentatus et des Gracques, victimes des patriciens, étaient vengés; mais il n'y avait plus, dans le monde Romain, que des soldats et des esclaves. Telle est l'histoire de toutes les aristocraties : tomber sous le joug des Césars et disparaître.

Et la vigne : que devient-elle sous le règne des Grands ou des Césars ?

Il n'y a plus de citoyens propriétaires. La nation affamée ne mange plus que ce que ses maîtres lui laissent. Personne, excepté les seigneurs, n'a de quoi acheter seulement une pinte. Il reste quelques vignobles de bons ordinaires et les vignes qui produisent les vins illustres, pour servir aux orgies des palais et des châteaux ; tout le reste est remplacé par les bruyères, les fougères, les genêts et les ajoncs. La masse des manants et des serfs ne boit que l'eau des puits, des rivières et des fontaines.

Mais ils sont donc tout-à-fait insensés et pervers, tous ces hommes qui veulent que la France tombe dans la misère et l'avilissement, quand Dieu fait tout pour qu'elle soit si florissante et si belle.

Insensés, oui ; pervers, il y en a beaucoup ; mais ce nombre, encore trop grand, n'est heureusement que la minorité. Car, en général, ils valent mieux que ne le ferait supposer tout ce qu'ils profèrent d'imprécations et de menaces. Beaucoup d'entre eux chérissent leur famille, et n'ont, dans le fond, qu'un désir, celui de transmettre à leurs enfants, aux derniers comme aux premiers nés, quoiqu'ils en disent, un héritage amélioré et agrandi. Ils sont, en outre, bons voisins, serviables, prêtant volontiers charrues, voitures, bêtes de somme, cuves, tonneaux et pressoirs ; tout prêts à user activement de ce qu'ils peuvent avoir de crédit et d'influence pour aider dans leurs affaires agricoles, viticoles ou autres, tous ceux qui ont recours à leur obligeance. Ils sont loyaux dans les transactions , humains et généreux avec ceux qui souffrent. Si, après un vaste incendie ou le désastre des grandes eaux, Madame vient mettre la maison au pillage pour porter à ceux qui ont tout perdu, il se fait lui-même complice de la dévastation ; un vandale ne ferait pas mieux : oui, femme, soulageons d'abord, on consolera plus tard.

Quelle nation, ou plutôt quel paradis terrestre pourrait être la France, avec des éléments pareils ! Pourquoi faut-il qu'un noir démon, un funeste esprit de vertige et de malfaisance souffle sur elle tant de discordes, de colères et de haines ! Ces mêmes hommes, si bons dans la vie ordinaire, deviennent des tigres sous l'inspiration du noir démon qui leur souffle sa politique de la haine et du mal. Ils se réunissent pour délibérer sous l'influence de publications malsaines, inspirées, leur dit-on, dans le but de les sauver. Ils lisent ensemble les élucubrations d'hommes qu'ils méprisent eux-mêmes, et de perfides insinuations, des calomnies aussi absurdes que venimeuses les exaltent, les grisent, et les voilà réclamant les mesures politiques les plus iniques et les plus inhumaines, au risque de mettre le peuple en fureur et le pays en feu.

Et tout cela pour constituer définitivement une aristocratie dans laquelle entreront tout aussi bien les enrichis d'hier que les fils des preux, du moins ils se croient parfaitement d'accord pour réaliser ce rêve et pouvoir le mettre sous la protection d'un monarque fort, d'une royauté de fer. Mais quel sera ce monarque? Celui de la noblesse ou celui de la bourgeoisie? Ce sera celui de l'une ou de l'autre ; jamais celui de toutes les deux. Et alors nous verrons bientôt ou la bourgeoisie et le peuple s'unir pour abattre un nouveau Charles X et les nobles ; ou la noblesse et le peuple s'unir pour abattre un nouveau Louis-Philippe et la bourgeoisie ; c'est inévitable, c'est fatal. Ou bien encore ce sera une monarchie qui se proposera, en apparence, de régner pour les trois classes. Mais bientôt peuple, bourgeoisie et noblesse s'uniront pour abattre un nouveau Napoléon III, qui aimera mieux tomber sous les coups de l'étranger. C'est en pleurant de rage qu'on se rappelle le reste.

Peu importe; ils ne cesseront pas de caresser ce rêve; ils n'en démordront pas : aristocratie florissante, royauté forte. Ne cherchez pas à leur faire comprendre ce qui les attend sous une royauté forte. Ne leur parlez pas du roi des cages de fer, des oubliettes et des potences, qui faisait couler à flots le sang des seigneurs. Ne leur parlez pas du ministre faucheur qui a fauché tant de têtes de nobles et de princes et recouvert le tout, comme il s'en vantait, avec sa soutane rouge. Ne leur parlez pas du roi-soleil qui leur a fait plus de mal encore en les condamnant tous à n'être que les valets de ses courtisanes, avilissement qui aurait révolté le manant même. On pourrait leur dire encore : Ces princes, vous les aimez sincèrement; vous trouvez en eux des vertus réelles, l'amour du bien public, le désir de répandre sur tous les enfants de la même patrie le plus possible d'aisance et de bien-être; et, pour preuve de cet amour qu'ils vous inspirent, vous ne trouvez pas à leur offrir autre chose qu'un trône toujours chancelant et une couronne d'épines, qu'il faudra précipitamment quitter pour la terre d'exil, au bout de quelques années d'un labeur sans résultat, d'alarmes incessantes et d'insultes presque universelles, bienheureux encore s'ils n'éprouvent pas la destinée lamentable de Louis XVI et de sa famille. Dites donc que vous aimez ces princes non pour eux, mais pour vous, pour les services que vous espérez d'eux. Quand ils tombent, courez-vous les défendre? Non; ils s'en vont, tristes et presque seuls, manger le pain amer de l'exil. C'est bien aujourd'hui le plus affreux des métiers que celui de roi.

Peuple, si ces bourgeois et ces grands ont des oreilles, ce n'est pas pour entendre ces choses-là. Ne cherche pas à les convertir; tu ne les arracheras jamais à leur idée fixe. Occupe-toi plutôt de fonder malgré eux, mais pour eux comme pour toi, la République de la paix, du travail et de la liberté. Ils ne cesseront pas de lancer des malédictions contre cette République qui les sauvera ; mais bientôt, pour se distraire du chagrin de lui devoir des jours calmes et prospères, ils se mettront à améliorer des champs, aligner des vergers et planter des vignes. Cela vaudra bien autant que d'élever des trônes, puisque, en moins de 80 ans, en voilà déjà sept qui tombent, sept qui devaient être éternels. Voyez les dates : 1792, 1814, 1815 (2 fois), 1830, 1848, 1870. Et cela ne dégoûtera pas les amateurs de royautés et d'empires, d'effondrements et de cataclysmes.

Il faudrait bien en planter pourtant de ces ceps bénis, si les peuples s'avisaient une bonne fois de devenir sages. Que l'humanité se régénère et se retrempe dans la concorde, la liberté et le dégoût des trônes, et les vignobles de France s'étendront à mesure. Et si l'œuvre de régénération se trouvait un beau jour accomplie, trois à quatre cent millions d'hectolitres auraient peine à suffire. Et un jour viendra, sans doute, où ils ne suffiront pas. Mais les petits vignobles épars sur divers points du globe viendront un peu en aide au grand vignoble de France. Quant à la France, sur les cinquante et quelques millions d'hectares dont elle se compose, elle en a plus de dix millions où la vigne serait réellement chez elle, parce que là, sur des pentes rapides ou légères, vers l'est, le sud ou même l'ouest, les maxima de l'hiver et de l'été ne dépassent que rarement les limites au-delà desquelles il y a pour la vigne dépérissement ou mort. Les sols de ces pentes peuvent se trouver dans des conditions peu encourageantes; mais les viticulteurs seront là, vous parlant drainage, chaux, marnes, etc., etc., et, par la volonté de ces magiciens, il faudra bien que les sols les plus réfractaires se métamorphosent. Vous pouvez donc voir dès maintenant par la pensée, dans un avenir lointain, c'est vrai, mais certain, votre France tant aimée récoltant chaque année des centaines de millions d'hectolitres de vin; et ne les vendit-elle que quinze à vingt francs l'hectolitre en moyenne, voyez que de milliards! Y aura-t-il jamais sur notre globe une nation qui puisse espérer, par ses produits, tant de renommée et d'or? Marche donc, ô peuple de France! marche vers l'avenir promis à tes vieux jours, promis surtout aux enfants qui naîtront de toi. Quel avenir, en effet! Car ces milliards ne feront que s'ajouter aux sommes fabuleuses que la France retirera de ses champs, de ses prés, de ses forêts, de ses jardins et de ses vergers. On aura beau dire : vil métal! On ne doit rougir ni d'un argent si noblement gagné, ni des jouissances honnêtes qu'il procure, et encore moins du bien qu'il permet de faire.

Avant de terminer, il reste à signaler un danger terrible, dans lequel la France se laisse souvent trop facilement tomber pour le malheur de sa République et de ses vignes. Qu'elle ferme désormais les yeux au sinistre éclat des astres faux qui se présentent à elle comme des étoiles de salut. Qu'elle se souvienne que l'homme qui lui a fait le plus de mal est celui qu'elle a le plus adoré. Au commencement de ce siècle, un fou, dont elle a fait un dieu, a pu, grâce au dévouement insensé qu'elle mettait à son service, briser des trônes, écraser des peuples, mais aussi soulever contre elle, comme un irrésistible ouragan, la colère des nations outragées. Il est tombé, c'était justice, et il avait tout fait pour cela ; et la France l'a pleuré. Les savants, les écrivains et les poètes ont entretenu en elle un culte qu'elle peut à peine rejeter aujourd'hui, après 70 ans de malheurs qu'elle ne doit qu'à cet homme, son idole et sa ruine. Mais il s'agissait alors de renverser des princes qui, après sa chute, étaient remontés sur le trône de leurs pères. Ces princes valaient assurément mieux que lui. Il n'a jamais eu que des sentiments de parade, dont l'expression était due aux leçons d'un tragédien de génie, tandis qu'eux avaient au moins des instincts traditionnels qui étaient sincères. Du reste, Fénélon avait passé par-là, dans le temps, et il y avait laissé des traces, et les traces que laisse une aussi belle âme, sillonnent encore les générations qui suivent et ne s'effacent pas de sitôt. Mais ces princes avaient le tort de ne guère comprendre les hommes et les choses de leur temps, et les serviteurs qui les entouraient n'y comprenaient rien du tout. En dressant en face de tous ces revenants d'autrefois l'idole offerte à la vénéra-

tion du peuple, on espérait pouvoir souffler sur tous ces fan-
tômes du moyen-âge et les faire évanouir; et cela réussit.

Nous allons contempler, ô peuple de France! ce prétendu
héros. Puissent les nations se dégoûter pour jamais de ces
foudres de guerre qui remplissent le monde de bruit et de
carnage et ne laissent après eux que des ruines, l'humanité
dégradée et le progrès de la vraie science ajourné souvent
pour des siècles. Alexandre, qu'on appelle le Grand, et qu'on
appellera le Maniaque quand on saura mieux l'histoire,
Alexandre éteint le flambeau civilisateur qui d'Athènes
commençait à rayonner sur le monde. Arts, lettres, sciences,
tout descend dans la nuit avec l'incomparable Démosthènes.

César, en faisant un empire, plonge l'humanité dans une
dégradation telle que jamais époque ne fut marquée par
autant d'avilissement et de honte. Charlemagne a fait périr,
pour sa gloire, tous les défenseurs de la France, et, après
lui, les hommes du Nord ont pu s'abattre sur cette terre
presque déserte et la plonger pour longtemps dans la nuit
de la barbarie. Louis-Soleil a bien failli te faire subir le
même sort, ô France! Il t'a placée tout au moins sous le
sceptre des cotillons, sceptre que tu n'as pu briser qu'en
prenant le tonnerre en 1789. Bonaparte t'a livrée deux fois
à l'invasion européenne.... On frémit quand on te voit encore toute prête à te jeter de nouveau dans les bras d'un de
ces fléaux du Monde, qu'un écrivain grotesque couronné par
toi, a eu l'effronterie de te présenter comme des *hommes
providentiels*. Ne plante jamais de vigne, ô France! tant
que tu ne te sentiras pas complètement revenue de l'ivresse

fatale où te jette si facilement la contemplation des *hommes providentiels.*

Voyons donc maintenant ce héros dont il est absolument nécessaire de nous occuper ici, parce que tout mort qu'il est, sa mémoire seule peut te jeter encore dans un vertige fatal qui serait le prélude d'un nouveau cataclysme plus désastreux que les Leipsick, les Waterloo et les Sedan. Il s'agit de république et de vigne. Elucidons tout ce qui les intéresse.

Dès son début, on pouvait juger ce héros. Hoche, après une série de victoires, que ce vainqueur, plus modeste, ne faisait pas retentir comme retentissaient celles d'Italie, Hoche allait s'emparer de Vienne et abattre sans retour le plus formidable ennemi que la grande République eût sur le continent, lorsque ton idôle, ô peuple ! donne la paix à l'Autriche, lui cède Venise et le littoral de l'Adriatique et la rend plus forte que jamais. Puis il emmène l'élite des armées faire, en Egypte, une guerre plus absurde encore que ne la fit plus tard son neveu au Mexique. Trahison ou ineptie : la conséquence devait être et fut une coalition, œuvre de l'Autriche, surprise, revers et bientôt invasion. Mais une grande victoire de Brune nous sauve en Hollande ; une grande victoire de Masséna nons sauve en Suisse, comme ce même Masséna nous avait déjà, de moitié avec Augereau, sauvé une armée que Bonaparte avait jetée au milieu de Autrichiens dans les marais d'Arcole. C'est alors que Bonaparte abandonne l'Egypte et ses soldats et arrive, nous disant avec la plus incroyable impudence : Je viens vous sauver. Au lieu de fusiller ce déserteur, coupable du danger dont on venait

d'être sauvé sans lui, on lui laisse commettre l'affreux guet-
à-pens de brumaire.

Et le voilà maître. Comment va-t-il se faire pardonner une
aussi criminelle usurpation ? Il assassine dans les fossés de
Vincennes, contre le droit des gens, contre toute apparence
de justice, un jeune prince dont la bravoure, les qualités ai-
mables et le caractère chevaleresque avaient séduit tous les
cœurs. Puis le meurtrier ose solliciter l'appui des nobles et
des prêtres à qui surtout cette intéressante victime était
chère. Il outrage odieusement le pape, veillard respecté de
tous, catholiques ou non, et il sollicite l'appui du clergé. Il
fallait un nouveau code à la France régénérée. Des sages
entreprennent cette œuvre. Il fait tout ce qu'il peut pour la
dénaturer à son avantage. On rédige enfin malgré lui la loi
nouvelle qu'il se promet bien de modifier plus tard et à laquelle pourtant il faut donner le nom étrange de code Napoléon. Que voulait-il, en effet ? Y introduire toute la féodalité
désormais maudite, refaire toutes les lois que la nation op-
primée avait rejetées avec horreur, et anéantir l'œuvre de
1789, fruit de la sagesse de nos pères, et que les Français
avaient déjà héroïquement défendue sur tant de champs de
bataille. Il est assez malhabile pour mettre tout le monde
dans la confidence et il prétend s'appuyer sur le peuple, dont
ces institutions étaient et sont pour toujours la fortune et la
vie. Il vole un trône voisin, celui d'Espagne, comme on vole
au fond des bois et sur les routes, et il aspire à devenir l'ami
et le parent des rois. Nous n'en finirions pas si nous vou-
lions dérouler ici toute sa politique insensée.

—Mais, s'il fut politique inhabile, au moins le génie militaire lui reste. — Que les hommes spéciaux décident. Pour nous, gens du vulgaire, quand nous lisons dans les historiens, ses admirateurs, le récit des batailles qui ont rendu ce nom fameux, il y a presque toujours un moment où l'angoisse nous saisit. Désordre, confusion, on plie, on se disperse. Il semble que tout va périr. Bientôt un général, obéissant à une inspiration spontanée intervient, une manœuvre hardie s'exécute et le désastre se change en victoire. Et nous rêvons, et nous disons : Que faut-il donc penser des acclamations de la foule et des gloires d'ici-bas ? Ces lauriers de victoire, est-ce le même homme qui les a cueillis et dont le front les porte ?

Tant de violences ont fini par amasser les colères et les haines des rois et des peuples, et par soulever un concert universel de malédictions contre la France et contre son chef. C'est alors qu'il te lance, ô peuple, contre le colosse du Nord, t'affirmant que tu vas le briser d'un choc. Il ne veut pas comprendre que les Russes, qui n'ont d'autre moyen de salut, brûleront les villes, et qu'en Russie, le ciel glacé de l'hiver est, pour une armée sans abri, la mort. Smolensk brûle ; le plus inintelligent des soldats n'aurait pas dit alors : Marchons ! On marche. Moscou brûle ; on attend plus d'un mois dans les ruines la soumission du Czar, ô démence ! quand le Czar sait si bien que par l'incendie et l'hiver il est irrémissiblement vainqueur. Enfin, quand la catastrophe est innévitable on part, et l'hiver arrive. Les désastres sont immenses comme la criminelle ineptie de leur auteur. Mères, sœurs, épouses, fiancées, ceux que vous attendez ne reviendront pas. Terres des champs et des vignes, tombez en friche : les bras qui devaient vous remuer gisent raidis sous les neiges.

Tout n'était pas perdu. Que les garnisons éparpillées soient réunies de tous les points de l'Allemagne, et il y aura cent mille hommes de plus pour lutter contre l'Europe dans les plaines de Leipsick. Mais le grand homme ne veut paraître, ni avoir peur, ni céder. Nouvelle et effroyable catastrophe.

La frontière va être entamée. S'il arme ce peuple français *qu'il a tant aimé*, on peut le sauver encore. Mais si la nation est armée, il faudra compter avec elle après les évènements. L'ignoble despotisme est remis en question. Périsse plutôt la nation. Elle n'est pas digne de vivre si elle n'a pas un Bonaparte pour seigneur et pour maître. Et les hordes étrangères inondent le territoire du peuple *tant aimé*. Voilà ton ouvrage corse idiot et bandit qui voulais être un Dieu.

Il faut parler aussi de la terreur qu'il inspirait aux ennemis obligés de le combattre. Avait-elle pour unique cause les victoires qu'il remportait, ou que lui gagnaient les généraux et les soldats ? Il avait un autre moyen : la férocité. Chaque matin, un certain nombre de têtes devaient être exposées au Caire, sur les murs du sérail. En Europe, dans chaque ville prise, vingt à trente des plus honorables et des plus respectés étaient saisis. Un semblant de procès avait lieu, et tous, innocents ou coupables d'avoir travaillé à la défense de leur pays, étaient fusillés dans les vingt-quatre heures. Calomnies, dites-vous. Eh! bien, le calomniateur s'appelait Napoléon 1er. Ouvrez sa correspondance. Le colonel Ferrer vous a initiés déjà à cette atroce correspondance. Ordres sanglants, reproches amers aux généraux qui n'exécutent pas assez tôt tant de sentences impitoyables.

Mais cet acharnement contre une personnalité, naguère encore si vénérée, ne nous fait-il pas oublier la vigne? — Non, non; c'est à la vigne aussi que je pense, en rappelant toutes ces choses. C'est que, selon moi, un million d'excellents paragrêles, le plus radieux soleil de messidor et les plus tièdes brises étésiennes, depuis floréal jusqu'à la fin de vendémiaire, ne feraient pas plus de bien à la vigne française, que l'horreur universelle pour l'exécrable nom de Bonaparte et pour tous ceux qui ont été comme lui les fléaux du Monde, la ruine et la honte de l'humanité.

Achevons de peindre cet homme. Que lui doit la vigne? C'est lui qui est l'auteur des *Droits réunis*. Pauvre vigne! Aujourd'hui elle est de force à supporter cette lourde charge. Mais alors, comme bien souvent le vin ne se vendait pas, même un prix égal à la somme qu'il devait au fisc du grand homme, que de ceps ont été arrachés et brûlés! Ainsi cet incomparable génie, savait perdre d'une main le double de ce qu'il rapinait de l'autre. Hélas! grâce à lui, c'est encore la vieille école financière des monarchies qui nous régit et qui nous ruine.

O villageois, villageois! Parleras-tu de sa gloire sous le chaume bien longtemps, comme t'y invite un poète, qui pourtant fut grand, quoiqu'en disent M. Veuillot et les siens, dont il a trop finement démasqué les batteries ? Chante cependant les vers de ce poète et de son émule Pierre Dupont. Tous deux parlent si bien des vignes et de la patrie, du vin et de la liberté ! Mais s'ils te parlent du grand vainqueur, des rois, tourne le feuillet. Prends garde au vertige. Je crains que ce nom sept fois maudit, ne te grise encore et que tu n'en sois puni par une quatrième invasion. A bas les sauveurs ! Si quelque chose te menace, sauve-toi toi-même et tu n'auras rien à craindre. Qu'est-ce qui te menace, en effet ! Le spectre rouge ? Mais, si réellement il existe, que veux-tu qu'il fasse dans un pays où il y a bientôt quatorze et même quinze millions de cotes de propriétés : champs, prés, forêts, jardins, vergers et vignes, dont les posseseurs respirent avant tout pour le bon ordre, le travail et la liberté ? Complétez cette œuvre par l'instruction de tous et le spectre rouge ne trouvera pas d'armée.

Ne détache pas tes yeux de cette lueur d'en haut qui t'a éclairé, ô villageois ! le 30 avril et le 2 juillet. Le R. P. Marchal, un homme d'intelligence et de cœur, qui pense avec raison, qu'on peut et qu'on doit servir tout ensemble, son pays et son Dieu, te conseillait, il y a quelque temps, de fuir le scrutin. C'était le conseil d'un sage qui t'aime. Mais si tu dois continuer à voir clair dans les manœuvres coupables ou insensées de ceux qui veulent t'égarer et te perdre, personne, pas même le R. P. Marchal, ne te dira : Abstiens-toi, pendant quelque temps encore, de tout acte de citoyen et d'électeur. On te dira : continue, et tu es sauvé.

Pour achever de corroborer tous ces dires, lisons cet article que M. Pierre Valin publiait dans le *Progrès* de Lyon, le 1er juillet dernier :

« Pourvu que je puisse cultiver ma terre tranquillement
« et en toute liberté, que m'importe le reste ? » Voilà, nous
« écrit un de nos correspondants ruraux, ce que dit bien
« souvent l'habitant des campagnes, quand on lui parle de
« voter pour des candidats républicains.

« A celui qui tient un pareil langage et qui se montre dis-
« posé à écouter certains hobereaux ou certains prêtres
« qui décrient la Révolution, les premiers parce qu'elle leur
« a enlevé leurs privilèges et principalement le droit
« d'aînesse, les seconds parce qu'elle les a privés de la
« dîme ; à celui-là il est bon de faire connaître quelques
« points de l'histoire qu'il ignore et dont la connaissance
« lui prouvera qu'il s'expose à ne plus pouvoir cultiver sa
« terre tranquillement et en toute liberté si, donnant sa voix
« aux candidats monarchistes, il favorise ainsi le retour
« du régime du bon plaisir du roi ou d'un empereur.

« Il y a eu en effet, dans l'histoire, plus d'un exemple
« d'atteintes portées par les monarques à la libre exploita-
« tion du sol.

« L'empereur Domitien, par un caprice de maniaque, fit
« arracher toutes les vignes qui existaient en France,
« et pendant deux siècles l'on ne s'abreuva que d'eau et
« d'hydromel.

« Charles IX, fit une ordonnance par laquelle il ne
« pouvait y avoir dans chaque canton que le tiers du terri-
« toire planté en vignes.

« Louis XV, défendit de planter de nouvelles vignes et de
« renouveler par le travail celles qui seraient restées incultes
« pendant deux ans.

« Il a fallu la Révolution de 89 pour affranchir complète-
« ment le sol et rendre aux paysans la liberté du travail et
« de la culture.

« Nous engageons les électeurs ruraux à méditer sur ces
« points de l'histoire avant d'aller déposer leur vote au scru-
« tin du 2 juillet. »

On sait maintenant que les électeurs ruraux ont médité et
compris. Ils comprendront aussi pourquoi la France, qui
pourrait hardiment offrir dix ou douze millions d'hectares à
la vigne, entre son Atlantique et ses Alpes, n'en avait peut-
être pas un million il y a 60 ans, et n'en avait guère que
quelques centaines de mille dans les siècles antérieurs. Que
de milliards perdus pendant tous ces siècles, grâce à l'imbé-
cilité des hommes qui, alors, gouvernaient et opprimaient le
monde ! S'écoulera-t-il encore bien des siècles avant que la
France se couvre de l'immense et opulent tapis de verdure
que lui garantissent son soleil et sa terre ? Elle n'attendra
pas bien des années si son peuple devient réellement le
peuple initiateur, du droit et de la liberté, dans la voie que
lui traçait, il y a cent ans, le génie de ses pères. Espérons :

d'affreux malheurs viennent de lui dessiller les yeux. Déjà le 30 avril a été comme une aube naissante. Le 2 juillet c'était la pleine aurore. Ne sera-ce pas bientôt le lever du grand astre qui doit mûrir tant d'épis et de grappes et faire bâtir en France tant de greniers et de caves? Que le peuple sache écarter les mains criminelles qui travaillent sans cesse à épaissir les ténèbres et les brumes, et le grand astre se lèvera.

Mais il y a encore des obstacles : il y a des prétendants. — N'allons pas, pour cela, nous figurer qu'au moindre vent qui souffle, notre République et notre vigne sont perdues pour jamais. Ces prétendants sont peut-être moins à redouter qu'à plaindre. Ces Bourbons des deux branches sont loin d'être des Bonapartes. On leur attribue bon sens et loyauté. Si c'est bien vrai, ils doivent maudire en secret la nécessité qui les emprisonne dans le rôle, aujourd'hui si ingrat, de prétendants. Il serait téméraire et même inconvenant de leur attribuer, sans leur autorisation, telle ou telle pensée. Mais on ne peut s'empêcher de croire qu'il est insupportable pour eux de ne pouvoir sortir d'une position aussi fausse sans avoir à craindre qu'on ne leur jette à la tête des mots comme ceux-ci : Respect des traditions, obligations que la naissance impose, voix des ancêtres s'élevant de leurs tombes, et une foule d'autres qu'il ne leur est guère possible de braver. Ils doivent être las de voir leur retraite assiégée par des hommes qui ne veulent qu'obéir pour qu'on leur obéisse, être serfs pour devenir tyrans, comme dirait Tacite ou Béranger. Ils doivent être las de

s'entendre dire : Monseigneur, la France vous appelle ;
Monseigneur, la France est à vos pieds : Marchons !

Marcher ! Ils savent sans doute que ce serait pour aller
prendre un diadème qui leur mettrait le front en sang,
s'asseoir sur un trône dont les quatre pieds branlent, et
porter un sceptre qu'il faudrait bientôt cacher dans les
ronces qui bordent les chemins de traverse.

Laissez-les donc en paix ces princes, qui n'ont peut-être
pas d'autre intention que d'unir leurs efforts à ceux d'un
peuple libre, pour élever la patrie à une prospérité sans
exemple, au milieu des champs et des vignes. Il est bien
permis de supposer qu'il y a en eux, dans l'entreprise que
vous leur imposez, une impatience et un découragement
difficiles à déguiser, et que pourtant il ne faut pas laisser
paraître.

Persévère donc, ô villageois de France, dans tes bonnes
résolutions d'avril et de juillet. Tu commences à écouter un
peu mieux que tu ne l'as fait jusqu'ici un conseiller qui t'a
toujours dit vrai quand il t'a parlé ou politique ou culture,
ton ami Pierre Joigneaux. Écoute aussi Pierre Valin, Pierre
Dupont, Pierre Béranger. Voilà ce que te souhaite Pierre
le bourguignon. Pratique la sagesse conservatrice et la pré-
voyance républicaine que te prêche aujourd'hui le citoyen
Monteaufeu, et tu auras non-seulement *la Poule au Pot*,
dont il te fait la promesse aussi séduisante et vraie, qu'elle
est originale quoique historique ; mais tu auras encore des
granges dont les gerbes amoncelées atteindront la toiture,

et des celliers immenses où il n'y aura pas assez de place.

Tu t'expliques maintenant pourquoi cette petite brochure fait défiler, en s'alternant devant tes yeux, des choses qui, dans tes idées, doivent être, en effet, désormais inséparables : la misère et la monarchie ; la vigne et la république ; les pampres et la France ; le vin et la liberté. Résumons donc ainsi l'opuscule : Pas de république, pas de vignes ; et pas de vignes, pas de France.

Ici doit s'arrêter cette œuvre, devant le spectacle si doux à contempler d'un peuple qui se régénère, et avec la pensée que l'on entendra désormais plus qu'autrefois des bergers chantant dans les prairies, des chansons de moissonneurs parmi les épis jaunis et de vignerons parmi les ceps, et que l'on verra un plus grand nombre d'hommes libres, amener dans les villages, sur des voitures pesamment chargées, les gerbes et les grappes.

Tressaille d'allégresse, terre de France, terre des milliards, du travail et de la liberté ; et nous, allons sous le grand chêne, redire les couplets des poètes que nous aimons :

> La vigne est un arbre divin ;
> La vigne est la mère du vin :
> Respectons cette vieille mère,
> La nourrice de cinq mille ans
> Qui, pour endormir ses enfants,
> Leur donne à téter dans un verre.

La vigne est mère des amours ;
O ma Jeanne, buvons toujours.
Bon Français quand je vois mon verre
Plein de son vin couleur de feu,
Je songe en remerciant Dieu,
Qu'ils n'en ont pas dans l'Angleterre.

PIERRE DUPONT (*Ma vigne*).

Beau pays, fertile et guerrier,
    A la souffrance,
    Oppose l'espérance,
Au pampre tu peux marier
Olive, épis, rose et laurier.
Vendangeons, et vive la France !
Le monde un jour avec nous trinquera.
Amis, chez nous la gaîté renaîtra.

BÉRANGER (*Les vendanges*).

Impr. Ve Chanoine, Lyon.

www.ingramcontent.com/pod-product-compliance
Lightning Source LLC
Chambersburg PA
CBHW051730050726

47598CB00003B/1130